LOUIS GUÉRIN-DUVAL

NOTICE

BIOGRAPHIQUE.

DRAGUIGNAN,

IMPRIMERIE DE C. ET A. LATIL, ESPLANADE DE LA VILLE, 4.

1888.

LOUIS GUÉRIN-DUVAL

NOTICE

BIOGRAPHIQUE.

DRAGUIGNAN,

IMPRIMERIE DE C. ET A. LATIL, ESPLANADE DE LA VILLE, 4.

1888.

En consacrant ces quelques pages à la mémoire de
notre très regretté Louis Guérin-Duval, nous obéissons
à un double sentiment : nous espérons le faire mieux
connaître à ceux-mêmes qui l'ont le plus admiré et nous
désirons tirer de cette belle vie des leçons propres à lui
susciter des imitateurs. Assurément il n'y a pas lieu de
craindre que son souvenir s'efface ou pâlisse dans le
cœur de ses nombreux amis, mais il est à souhaiter
qu'un récit quelque peu détaillé leur permette de savoir
à quel point il avait mérité l'ardente estime dont ils l'en-
touraient. D'un autre côté, l'hommage que nous essaie-
rons de lui rendre ne serait pas suffisamment digne de
lui si nous n'avions pour but de montrer à ceux qui
défendent les causes qu'il a si bien servies, à quelles
conditions on peut acquérir et exercer une grande et
salutaire influence. Nous laisserons parler les faits,
heureux, si en demeurant simple, exact et sincère, nous
réussissons à communiquer à nos lecteurs quelque
chose de l'émotion qui nous saisit, au moment où nous
abordons cette tâche tout à la fois douloureuse et con-
solante.

I

Eustache-Michel-Louis Guérin naquit le 29 septembre 1843, à Toulon, où son père, ingénieur des ponts et chaussées, était alors en résidence. Bien qu'il n'ait été pleinement connu et apprécié que dans un cercle restraint, M. Eugène Guérin ne saurait être oublié dans la courte étude que nous consacrons à son fils. C'était un grand chrétien, dont les héroïques exemples, rares en tout temps, plus rares de nos jours, sont restés comme le plus précieux patrimoine de sa famille. Lorrain de naissance, M. Eugène Guérin, amené à Draguignan par les hasards de sa carrière, y avait épousé l'une des filles de son chef hiérarchique, M. Duval, ingénieur directeur. La conformité des goûts et des croyances, la volonté et l'espoir de fonder un foyer véritablement chrétien, le déterminèrent dans son choix, et ce choix lui valut quinze années d'un bonheur sanctifié par la pratique des plus hautes vertus, complété par la naissance de deux enfants. L'épreuve arriva cependant, comme elle arrive toujours ici bas; elle fut terrible, comme elle l'est souvent pour les justes qui semblent le moins la mériter. En 1855, pendant que le choléra sévissait à Draguignan, Mme Guérin fut atteinte par le fléau, n'y succomba pas et vit mourir son mari, atteint après elle. On sut alors qu'il venait de se passer un de ces faits surnaturels et mystérieux qui confirment la doctrine de l'Eglise sur le sacrifice : la veille, M. Guérin, plein encore de force et de santé, était entré dans une chapelle voisine de sa maison et avait offert à Dieu sa propre vie en échange de celle de sa femme, qu'il supposait plus capable que lui de mener à bien l'éducation de leurs enfants. Personne, nous l'espérons, ne nous reprochera d'avoir dévoilé ce touchant secret qui explique, par une incontestable influence héréditaire, le puissant esprit de foi et d'abnégation qui a animé le fils d'un tel père.

Commencée sous de tels auspices, la formation morale de Louis Guérin fut une œuvre dont le succès, assuré d'ailleurs par les soins maternels, ne pouvait être douteux. Nature ardente et droite, il eut sans doute dès ses premières années besoin d'être contenu ; mais il sut toujours accepter le frein vigilant et doux qui le dirigeait sans le contraindre. Ce qui avait été heureusement fait par sa vaillante mère fut continué par les RR. PP. Jésuites dont il devint l'élève à l'âge de douze ans. Nous ne parlerons pas de son séjour à Vaugirard, parce que chacun sait quelles générations de vrais chrétiens et de vrais Français sont sorties de ce collège célèbre, qui était en pleine prospérité lorsque le jeune Guérin y fut admis. Disons seulement que malgré le nombre et le mérite de ses rivaux, il sut s'y faire distinguer par son intelligence et par ses succès et qu'il y laissa surtout la réputation d'un jeune homme de conduite irréprochable et de principes déjà solidement établis.

Ce qu'étaient ces principes, il dut bientôt le montrer lorsqu'à peine âgé de 18 ans, il commença, en 1861, son cours de droit à Paris. Il n'est pas nécessaire de rappeler ici les dangers que court alors un jeune cœur pour la première fois livré à lui-même : c'est la grande épreuve de la vertu, c'est souvent l'épreuve décisive, et, pour un grand nombre, la vie entière se ressent des erreurs et des écarts de ce début. S'il eût été moins bien trempé, s'il n'avait pas eu déjà pour la mémoire de son père un culte religieux, Louis Guérin aurait pu être exposé : esprit ouvert à toutes les curiosités, tempérament vif et bouillant, caractère que les obstacles n'étaient capables ni d'abattre ni d'arrêter; destiné à jouir d'une large aisance qui confinait à la richesse; doué de goûts raffinés, il possédait tous ces dons précieux et terribles dont il est si facile d'abuser. Hâtons-nous de le dire : il a évité tous les écueils; il a traversé sans contracter une souillure les années périlleuses de l'adolescence. Il a pu connaître les assauts de la tentation; jamais il n'a connu l'humiliation de la défaite. Ce que, peu de temps après son retour à Draguignan, dans les irrésistibles épanchements de l'intimité et de la confiance, il racontait à un ami avec cette candeur qui était un des charmes de sa nature, nous éprouvons une joie mêlée de fierté à le proclamer sur sa tombe, pour l'encouragement des jeunes gens auxquels nous le proposons comme modèle, et pour l'honneur de cette religion dont il devait être le vaillant défenseur. Car il ne faut pas s'y tromper, et à coup sûr, il ne s'y trompait pas lui-même : s'il n'a jamais fait un faux pas, s'il a toujours été digne de ses parents et de ses maîtres, s'il a eu, dans toute la force du terme, une jeunesse préservée, c'est parce qu'il a été pratiquement et généreusement fidèle à ses croyances. Dès ce moment, il avait compris que, sous peine de trahir le parti auquel on s'est attaché, il faut mettre dans sa vie une rigoureuse unité, et, comme il n'a jamais hésité dans son choix, il n'a pas un instant hésité à accepter les obligations que ce choix entraînait. Voilà pourquoi non seulement il fut toujours exact à remplir ses devoirs de chrétien, mais encore il s'entoura des précautions nécessaires à tout jeune homme qui veut sortir victorieux de la lutte à laquelle il est inévitablement condamné.

C'est sans doute à la précoce fermeté dont il fit preuve pendant les années de son cours de droit qu'il dut de persévérer jusqu'au bout, sans une hésitation, sans une défaillance, dans la voie où il était entré de si bonne heure.

Aussi, lorsqu'en 1865, il revint à Draguignan pour y commencer sa carrière d'avocat, il était prêt, malgré son extrême jeunesse, pour le rôle qui lui était réservé.

II

En attendant les circonstances qui devaient révéler en lui l'homme d'action, il se trouvait dans les conditions les plus favorables pour mûrir son talent et développer ses aimables qualités. Il habitait tour à tour la maison paternelle, où se groupaient les diverses branches d'une famille nombreuse et unie, et cette agréable campagne des Tours dont tant de visiteurs ont connu le chemin, et où l'intelligente prévoyance de sa mère avait préparé tout ce qui pouvait satisfaire ses goûts et fixer ses préférences ; il formait avec amour cette belle bibliothèque qui suffirait à dénoter les tendances de ce lettré délicat et de ce chrétien attentif à toutes les questions religieuses ; il cultivait quelques amis, il plaidait non sans succès ses premières affaires, il exerçait son zèle pieux en apportant le concours de sa présence et de ses exemples à l'œuvre de la jeunesse, qui fut, nous le verrons, l'une des plus constantes préoccupations de sa vie. Ces heureuses années ne furent marquées par d'autre évènement extraordinaire qu'un voyage à Rome, à l'occasion du centenaire de Saint Pierre, en 1867 ; il l'accomplit tout à la fois en touriste, en artiste, en catholique. Marcheur intrépide, il ne craignait aucune fatigue quand il s'agissait d'aborder un site célèbre, ou de se reconnaître sans guide dans les détours d'une ville inconnue ; amateur intelligent et déjà éclairé, il s'enthousiasmait à la vue des innombrables chefs-d'œuvre qui se présentaient de toutes parts à son admiration ;

enfant dévoué de l'Eglise, il ne cachait pas son émotion quand il retrouvait des compatriotes parmi les zouaves Pontificaux, dont plusieurs devinrent ses amis, ou quand l'angélique figure de Pie IX lui apparaissait dans les incomparables cérémonies auxquelles il eut le bonheur d'assister. Son exubérante activité se donnait libre carrière, la fougue domptée de sa jeunesse semblait prendre alors une innocente revanche et les longues journées d'été finissaient par être toujours trop courtes pour les innombrables projets que, malgré quelques excès et quelques imprudences, il n'eut jamais le temps d'exécuter jusqu'au bout. Ce voyage est demeuré l'un de ses plus chers souvenirs et n'a pas peu contribué à affirmer en lui la résolution de combattre pour l'Eglise, dont les destinées ont été de tout temps si intimément liées à celles de notre chère patrie.

L'heure allait sonner, où dès son entrée dans la vie publique, et pour ses premiers débuts, il se poserait en champion de ces deux grandes causes à la fois.

III

Ce fut en 1869, à l'occasion des élections générales, que Louis Guérin entra dans la vie politique. L'Empire était sur son déclin : à la soumission silencieuse des 15 premières années avait succédé une agitation inquiète, qu'encourageaient, sans la guider, les velléités libérales du pouvoir. Celui-ci, en relâchant le frein qu'il avait d'abord tenu d'une main si puissante, effrayait les uns et ne parvenait pas à satisfaire les autres ; les premiers avaient soif de liberté, mais redoutaient le désordre; les seconds ne cherchaient qu'à augmenter le trouble des esprits et à provoquer une crise menaçante. Ceux qui

avaient le plus à se plaindre , c'étaient les catholiques
dont les griefs étaient nombreux et cruels : à Rome ,
malgré des promesses toujours renouvelées et toujours
trahies, le souverain Pontife était livré aux entreprises
audacieuses de la révolution italienne; en France ,
l'Eglise, d'abord traitée avec égards , ne recevait plus
aucune protection réelle ; encore énergique pour faire
respecter la personne du Souverain et les institutions ,
le gouvernement laissait libre carrière à toutes les attaques contre la religion et ses ministres. Dans notre département les partis étaient , comme toujours , plus
tranchés que partout ailleurs , et, comme toujours
aussi, les catholiques y étaient moins nombreux et surtout moins groupés. Heureusement , on avait besoin
d'eux pour décider de la victoire ; plus heureusement
encore , il eurent dès lors un courageux et éloquent in-
terprète. Ce ne fut pas sans quelque surprise et , peut-
être de la part de quelques uns, sans quelque mauvaise
humeur , que l'on vit tout à coup , au sein du Comité
libéral conservateur, un tout jeune homme se dresser
pour revendiquer des droits trop longtemps méconnus ,
et pour prendre au nom des intérêts religieux, une place,
que , depuis la mort de M. Paul Duval, on pouvait , à
certains égards , considérer comme vacante. La puissance des mots est telle dans notre pays que celui qui
se montre chrétien en public est aussitôt appelé clérical.
Nous discuterons plus tard la justesse et la convenance
de cette épithète en tant qu'elle est appliquée à des hommes comme Guérin, mais nous constatons qu'elle fut dès
ce jour accolée à son nom , et qu'il a fallu tout son mérite, toute la popularité qu'il a acquise plus tard, pour le
relever de la défaveur qu'elle lui valut tout d'abord. Quoi
qu'il en soit, il était déjà de ceux avec qui il faut compter ; il exprimait les vœux et les résolutions d'un nombre respectable d'électeurs, surpris et heureux d'avoir

enfin un organe ; il fut décidé que des garanties seraient
demandées et obtenues en faveur de la cause qu'il représentait. La situation ne laissait pas cependant d'être
embarrassante, parce que le candidat accepté par les
conservateurs était M. Emile Ollivier, auprès de qui une
démarche de ce genre était particulièrement délicate.
En toute autre conjoncture, l'admirable talent et l'incontestable honnêteté de M. Emile Ollivier n'auraient pas
suffi pour le recommander au choix du Comité dont
Louis Guérin était membre. Mais on était sur une pente
que nul ne songeait à remonter ; n'ayant plus un gouvernement fort, on voulait un gouvernement vraiment sou-
cieux de respecter la liberté de tous, et, sur ce point,
l'éloquent conseiller de l'Empereur avait fait ses preu-
ves. Le commissaire général de 1848 jouissait de la
réputation méritée d'être, chose rare, un libéral sincère
et conséquent. Le grand obstacle, c'était son attitude à
propos de la question Romaine. Comment espérer qu'un
des plus anciens et des plus déclarés adversaires du
pouvoir temporel, — qui du moins s'était respecté lui-
même en ne se permettant jamais une seule des invecti-
ves familières aux amis mêmes du gouvernement —,
comment espérer que M. Emile Ollivier ferait sur cette
matière aux catholiques une promesse que son nom seul
semblait leur refuser ? La difficulté n'arrêta point Louis
Guérin : avec ce coup d'œil juste et ce sens droit qui le
dirigèrent toujours si sûrement, il comprit qu'il n'est
pas permis à un parti qui s'appuie sur les principes de
s'engager sans condition, et, à la suite de pourparlers
dans lesquels il déploya autant de souplesse que de ténacité, il obtint du candidat, qui s'apprêtait à devenir un
homme de gouvernement, des déclarations suffisantes
pour rassurer sa conscience et déterminer son adhésion.
M. Ollivier fut nommé contre M. Laurier, avec le concours des catholiques, et, quel que soit le jugement que

l'on porte sur la direction qu'il imprima aux affaires, lorsqu'il y fut parvenu, nous nous plaisons à reconnaître que, comme député, il ne démentit aucune des espérances que les hommes d'ordre avaient placées en lui.

Nous avons raconté cet épisode avec quelque détail parce qu'il attira définitivement l'attention publique sur M. Guérin, qui fut désormais considéré comme l'une des personnalités les plus marquantes du parti conservateur. On pouvait encore le contester; l'eût-on voulu, on n'aurait pu songer à le tenir à l'écart.

IV

L'année suivante, le 15 juin 1870, M. Guérin épousa Mlle Marie Julien, fille de M. Alexandre Julien, ancien notaire à Toulon, digne par l'élévation de ses sentiments et la distinction de son esprit de devenir, ce qu'elle n'a pas cessé d'être jusqu'à sa mort, la confidente et l'auxiliaire de son mari. Le voyage de noces n'était pas terminé lorsque la guerre éclata. Cette nouvelle surprit les jeunes époux en Suisse, d'où ils allaient se diriger vers la Lorraine. Ils se hâtèrent de rentrer à Draguignan, et ils y apprirent, en arrivant, nos premiers revers. Nous n'étonnerons aucun de ceux qui ont connu notre ami si nous disons que son cœur de Français et de Lorrain saigna cruellement et qu'il n'hésita pas un instant à déclarer à sa famille son intention de prendre part à la défense du territoire envahi. Bien que son mariage l'eût exempté de tout appel, bien qu'il lui en coutât beaucoup d'abandonner sa jeune femme, sa résolution était arrêtée. Des considérations dont il ne put se dissimuler l'extrême gravité l'obligèrent à un très pénible sacrifice et le retinrent dans nos pays, où il y avait aussi des services à rendre et même des dangers à courir.

On sait assez que les intérêts de la défense nationale n'étaient pas le souci dominant de tous ceux qui jouèrent un rôle à cette époque. Pérorer bruyamment dans les clubs, voter des résolutions magnanimes dont le moindre défaut était d'être irréalisables, disposer des deniers publics avec une prodigalité stérile qui ne s'explique que par l'absence de tout contrôle, tout cela ne suffit pas longtemps pour occuper l'ardente activité des patriotes au pouvoir. Il y avait des rancunes anciennes à satisfaire, des convoitises à assouvir : des menaces contre les personnes ne tardèrent pas à éclater. Il est difficile de dire quels excès ne se seraient pas produits, si quelques hommes courageux n'avaient pris cette attitude ferme et résolue qui impose toujours aux meneurs avisés. Sans oublier aucun de ces bons citoyens qui ont droit à notre reconnaissance, nous citerons la protestation indignée de Guérin contre l'arrestation arbitraire, illégale, de M. le Président Coulomb et de M. le juge Gariel. Parler haut et agir librement en cette circonstance, n'était pas sans péril : aucun conseil de prudence ne put obtenir le silence de notre ami, ne put l'empêcher d'aller se présenter à la porte de la salle de l'hôpital où, un factionnaire, l'arme au pied, veillait sur M. Coulomb malade et alité. Repoussé une première fois, il revint à la charge et il réussit enfin à pénétrer jusqu'auprès de ce respectable vieillard, qu'il réconforta par ses chaleureux encouragements. Il faut avoir vécu pendant cette sombre période, où une véritable terreur planait sur notre ville, où toutes les craintes étaient justifiées, où tous les attentats étaient possibles, pour apprécier l'énergie que révèle une pareille démarche.

La période électorale qui s'ouvrit aussitôt après la capitulation de Paris ne tarda pas à fournir à Louis Guérin de nouvelles occasions de déployer toutes les qualités qui devaient concourir à faire de lui le vrai chef du parti conservateur. Les limites que nous nous sommes imposées ne nous permettent pas de faire l'histoire détaillée de ces élections, histoire curieuse à plus d'un titre, et qui prouve quelles étaient les dispositions de ceux qu'on appelle des réactionnaires. Rien de plus désintéressé que leur conduite à ce moment critique. Beaucoup plus préoccupés d'arracher la France à l'anarchie, à laquelle le spectacle qu'ils avaient eu sous les yeux leur faisait craindre qu'elle ne fut exposée, que d'affirmer leurs préférences, ils offrirent loyalement leur alliance aux républicains modérés et ne reculèrent cette fois devant aucune concession. Des six candidats agréés par eux, un seul était monarchiste, M. le comte de Drée. Ils avaient poussé l'abnégation jusqu'à accepter comme chef de liste un homme tel que M. Jules Favre. Cette attitude si conciliante ne fut ni comprise, ni récompensée; tandis que des scènes sauvages, qui devaient avoir leur épilogue en cour d'assises, troublaient, au camp de Cavalaire, la liberté des électeurs, la proclamation du scrutin donnait lieu, au Palais de justice de Draguignan, à des désordres qui seraient devenus graves sans le sang froid dont firent preuve Louis Guérin et quelques autres de nos amis. Le 11 février au soir, le Président de la Commission de recensement, dans le but de permettre aux délégués des communes voisines de rentrer chez eux avant la nuit, offrit de donner en bloc les résultats définitifs ; proposition inacceptable pour ceux qui se méfiaient, à bon droit, de l'impartialité du Préfet Cotte, très mêlé aux évènements de Cavalaire. On réclama vivement la production des procès-verbaux détaillés. A ce moment, un conseiller général bien connu invectiva avec la dernière violence Louis Guérin qui venait d'exposer les légitimes exigences des conservateurs, et qui avait obtenu gain de cause ; la salle était houleuse, l'audace ne manquait pas aux violents. Ce fut au milieu des injures et des menaces que s'opèra le dépouillement par sections ; il allait être terminé lorsque arriva de la Préfecture l'ordre exprès d'arracher les procès-verbaux à ceux qui usaient de leur droit en les collationnant ; ils ne furent cédés qu'après une lutte qui aurait pu se changer en rixe sérieuse et sanglante, si nos amis n'avaient opposé autant de calme que de courage à ces furieuses provocations. Guérin fut poursuivi jusque sur la voie publique par les clameurs des forcenés qui, en s'attaquant spécialement à lui, le désignaient comme leur adversaire le plus redouté. Il grandissait par cela même dans l'opinion, comme le prouva un incident qui se produisit peu après. En défendant devant la Cour d'Assises le plus compromis parmi les fauteurs des troubles de Cavalaire, M. Laurier releva une inexactitude que Guérin avait involontairement commise lorsqu'il avait dénoncé ces faits aux journaux : c'était son droit ; mais son goût connu pour le persiflage l'entraîna jusqu'à prononcer des paroles qui semblaient mettre en doute la loyauté du narrateur. Celui-ci, présent dans la salle mais étranger à la cause, ne pouvait se défendre. Il n'en fut que plus empressé à réclamer une rétractation. M. Laurier, qui professait en général peu d'estime pour ses corréligionnaires politiques, ne devait pas être incliné à témoigner beaucoup d'égards à son jeune contradicteur. Il voulut d'abord le prendre de haut avec lui ; mais après une entrevue qui semblait devoir être orageuse, non seulement il consentit à lui écrire quelques lignes d'explications satisfaisantes qui furent alors publiées, mais encore il lui adressa spontanément une lettre que nous sommes heureux de reproduire, parce qu'elle explique, par un exemple inattendu, les sympathies que l'on ne pouvait se défendre d'éprouver pour notre ami, quand on l'approchait de plus près :

11 mai.

Mon cher Confrère ,

Ce que je vous ai écrit hier est pour le public ; ceci est pour vous.

Notre longue conversation vous a montré à moi sous votre véritable jour. Vous êtes un loyal et curieux esprit, et très compétent dans la matière politique. Vos mobiles sont généreux , votre caractère honorable , quoique, peut être , j'y voulusse un peu moins de passion. Moi-même j'ai passé par là ; le temps m'en a corrigé et m'en corrige tous les jours. Pareille chose vous arrivera. Vous avez trop de critique dans l'esprit pour ne pas conclure à l'apaisement et à l'indulgence.

En attendant , je veux vous dire pour vous combien j'ai apprécié les rares qualités dont vous avez fait preuve dans notre entretien. Je veux vous dire aussi que, n'ayant jamais voulu être méchant , mais simplement malicieux à votre égard , je regrette bien sincèrement tout ce qui aurait pu vous blesser dans mon langage, et, pour peu que vous preniez de renseignements sur mon compte, on vous dira que je n'ai pas le regret facile. Si je vous avais connu , tout cela ne serait pas arrivé, si peu que ce soit. Cela prouve, comme vous me le disiez, qu'on ne se connaît pas assez en politique. Je suis, quant à moi, fort heureux de vous avoir connu , et , rancune tenante , puisque rancune il y a , je vous serre cordialement la main.

Votre dévoué confrère ,

Clément LAURIER.

V

La période relativement calme que la France traversa pendant la durée de l'Assemblée nationale permit à M. Guérin de se consacrer avec plus de suite aux soins de sa profession d'avocat. Non qu'il se soit jamais désintéressé de la politique : son patriotisme et, disons le aussi, son zèle religieux lui faisaient trop clairement comprendre la nécessité de ne négliger aucun effort pour préparer l'avènement d'un gouvernement capable d'assurer définitivement l'ordre et la liberté. A ses yeux, personne ne l'ignore, ce gouvernement ne pouvait être que la monarchie légitime. Mais si la politique était pour lui un devoir, elle n'était pas une carrière ; si elle était un des éléments de sa vie, elle n'était pas sa vie toute entière. Aussi, tout en demeurant très attentif à tous les mouvements de l'opinion, très empressé à gagner à son parti de nouvelles recrues, très ardent à la lutte, quand la lutte était possible ou opportune, on le vit, pendant les années qui suivirent, plus assidu à la barre, plus fidèle à son cabinet. Jusqu'àlors il s'était résigné sans impatience aux lenteurs d'un début ; assez riche pour n'éprouver aucune préoccupation d'avenir, assez indépendant pour se refuser à toute démarche qui aurait pu paraître empressée, il ne s'étonnait pas de n'avoir point conquis en un jour la place à laquelle son talent lui donnait le droit de prétendre. Ce talent était réel et il lui valut des succès qui, en devenant plus nombreux et plus éclatants, finirent par lui créer une très belle et très enviable position. Il convient donc de montrer maintenant ce que fût M. Guérin comme avocat : hâtons nous de le dire, au barreau, autant qu'ailleurs, il fût un modèle qui rayonnait d'une véritable et complète beauté morale.

Tout d'abord , il était honnête , droit , loyal jusqu'au scrupule. Sur ce point l'éloge a été unanime et décerné par les bouches les moins suspectes , et encore peu de personnes ont su à quel degré notre ami possédait cette délicatesse si nécessaire dans sa profession. Son premier souci , quand on lui confiait une affaire , était de se demander si aucune considération de justice, de convenance, de bon exemple ne s'opposait à ce qu'il l'acceptât; il se livrait à une enquête préalable , il sollicitait des renseignements et il y avait presque de l'excès dans les questions qu'il se posait à lui-même et qu'il posait à ceux qu'il jugeait à propos de consulter. Avec le temps, l'expérience qu'il avait acquise, sa grande connaissance des hommes et des choses, lui permirent de se décider plus rapidement et avec moins d'hésitation ; mais il garda toujours la crainte de se tromper lui-même en plaidant un procès douteux ou de tromper ses clients en ne les dissuadant pas d'un procès inutile. Une fois acceptée, la cause dont il s'était chargé devenait sa grande préocupation ; non-seulement il l'étudiait dans tous ses détails, mais encore, si les intérêts engagés étaient importants , il y pensait sans cesse , il s'y appliquait au point de ne plus accorder une attention suffisante aux soins ordinaires de la vie. Il faisait plus : chrétien conséquent , comme il avait foi au secours divin , il ne manquait pas de l'implorer. Pourquoi ne dirions-nous pas qu'il avait l'habitude toutes les fois qu'il préparait une affaire délicate de s'approcher des Sacrements , si bien que lorsqu'on le voyait , un jour de semaine , à la Table Sainte , on pouvait sûrement en conclure qu'il venait demander à Dieu le succès qu'il n'attendait pas de ses seuls efforts ?

Peu d'hommes cependant ont été aussi bien doués que

lui des qualités qui font le bon avocat : une mémoire
très heureuse et une réelle facilité d'élocution, une ima-
gination vive et une présence d'esprit que les incidents
les plus émouvants ne parvenaient guère à troubler; une
grande rectitude de jugement et un rare discernement
dans le choix des arguments et des moyens de défense ;
tous ces dons qui brillèrent en lui dès le premier jour
se développèrent assez par l'exercice pour lui assigner
un rang très honorable , d'abord dans le barreau si dis-
tingué de notre ville et bientôt dans l'élite même des
barreaux voisins. Depuis quelques années surtout, il
était arrivé au complet épanouissement de ses facultés ;
il était en pleine possession de ses ressources et il
éprouvait un goût croissant pour une profession dans
laquelle il réussissait de plus en plus. Ceux mêmes qui
l'avaient de tout temps le mieux apprécié, s'étonnaient de
ses incessants progrès et l'on pourrait citer telle affaire
très importante plaidée par lui six mois avant sa mort
devant un modeste tribunal consulaire , où , par la fidélité de ses souvenirs , par la lucidité de son raisonne-
ment, par la sûreté de sa science juridique, il émerveilla
ses auditeurs , parmi lesquels se trouvaient des juges
très compétents. Avouons-le cependant : comme avocat
d'affaires , M. Guérin n'a pas donné toute sa mesure ; il
lui a manqué tout à la fois le calme et l'excitation nécessaires. D'un côté, son existence était trop partagée entre
les obligations diverses et multipliées qu'il avait assu-
mées pour qu'il pût se livrer à ce travail continuel et
régulier sans lequel il reste toujours quelques lacunes
dans les meilleures organisations ; d'autre part, capable
de grands élans , apte aux tâches les plus difficiles , il
n'a pas eu assez souvent l'occasion de mettre en jeu
tous les ressorts de son fertile et puissant esprit et de
monter aussi haut qu'il aurait pu atteindre. Nous ne
nous l'en plaindrons pas : sur un plus vaste théâtre ,

avec le stimulant d'une légitime ambition, il aurait assurément fourni une plus brillante carrière ; mais en demeurant là où la Providence l'avait placé , en donnant
l'exemple aujourd'hui trop rare d'un homme de valeur
qui ne déserte pas son poste et qui ne dédaigne pas son
pays natal , il s'est rendu certainement plus utile, et les
œuvres si fécondes dont il a été le promoteur ou l'auxiliaire, l'action si étendue qu'il a exercée, en témoignent
hautement.

Si l'on peut en un sens regretter qu'il n'ait pas pris
tout son essor , on ne peut nier qu'il a conquis parmi
nous une véritable supériorité par le caractère entraî-
nant et pathétique de son éloquence. On l'a dit souvent et rien n'est plus exact : c'est le cœur qui fait
les orateurs et notre ami était avant tout et par dessus
tout un homme de cœur. Selon la parole éternellement
belle du poète latin , aucun sentiment vraiment humain ne lui était étranger. L'injustice ou l'oppression
dont ses semblables pouvaient être victimes ; les malheurs, les dangers ou les hontes qui pouvaient résulter
pour eux de leurs fautes, de leurs crimes ou simplement
leurs erreurs ; les responsabilités encourues par les
grands coupables qui échappent à la vengeance des lois
et les conséquences supportées par les égarés qui trou-
vent cependant une excuse dans leur faiblesse ou dans
leur ignorance ; tout cela le saisissait au vif et le rem-
plissait d'une émotion sincère, souvent même d'une véritable angoisse. Il fallait qu'un accusé fût bien dégradé,
bien dépourvu des derniers sentiments qui survivent au
fond des natures les plus déchues pour qu'il ne lui accor-
dât pas sa compassion et son intérêt. La fiction légale
qui identifie le défenseur avec son client semblait parfois
se réaliser en lui et quand il croyait vraiment disputer
un innocent au déshonneur ou à l'échafaud, rien n'était
plus poignant, plus chaleureux , plus touchant que sa

parole qui allait remuer les cœurs des jurés et qui plus d'une fois sut leur arracher des larmes. On oubliait alors l'avocat, et lui-même dédaignait de recourir à ce qu'on appelle les habiletés professionnelles; l'homme se montrait seul, l'homme avec ses passions généreuses, qui accomplissait une mission et qui trouvait, sans les chercher, les accents les plus émus et les démonstrations les plus convaincantes.

Ce qui ajoutait un charme de plus à son action oratoire, c'était le cachet littéraire de tous ses discours; non qu'ils fussent tous marqués au coin d'une irréprochable correction, rare privilège de quelques grands improvisateurs. Mais la distinction de son esprit, la pureté de son goût, le commerce qu'il entretenait avec nos meilleurs classiques, le préservèrent toujours des vulgarités familières à ceux qui, parlant chaque jour, ne sont pas assez sévères pour eux-mêmes et ne se méfient pas assez de leur facilité. Dans le maniement de l'ironie surtout, il excellait à observer cette juste mesure qu'il est si facile de dépasser lorsqu'on ne joint pas à la haute culture de l'esprit une excellente éducation. Sa plaisanterie souvent mordante, sa verve parfois très heureusement inspirée furent toujours tempérées par cet atticisme dont le secret se perd de plus en plus, grâce aux grossières habitudes de la polémique contemporaine.

Ce portrait, que nous n'avions ni le besoin ni l'intention de flatter, ne serait pas absolument ressemblant si nous n'y marquions quelques ombres légères. Nous ne tairons donc pas que l'extrême sensibilité de M. Guérin le rendait trop chatouilleux peut-être à l'endroit des privilèges de la défense et le portait parfois à des paroles trop vives, à des démarches trop promptes. On pourrait citer quelques incidents où il se donna des torts. On en pourrait citer un plus grand nombre où un piège semblait être tendu à sa bouillante honnêteté pour l'exposer à une peine disciplinaire qui ne fut jamais prononcée contre lui. Un exemple suffira : lorsqu'il était déjà désigné à l'animadversion du pouvoir , un membre d'un tribunal administratif lui manqua un jour grave-ment d'égards. Le sentiment de sa dignité soutint notre ami qui, après avoir protesté avec calme, sortit de la salle et alla saisir le Conseil de l'ordre. Une délibération fut prise aussitôt défendant à tout membre du barreau de plaider devant le Conseil de Préfecture jusqu'à ce que réparation suffisante eût été accordée. La satisfaction fut indirecte, mais complète; on n'a plus revu ce per-sonnage ni sur son siège, ni dans notre ville. Quant à M. Guérin , l'estime des magistrats , l'amitié de ses confrères , la complaisante sympathie du public ne lui ont jamais fait défaut , parce que , malgré les réserves que nous venons d'indiquer, chacun était forcé de rendre hommage à son talent et à son caractère.

V I

Nous ne donnerions pas une idée exacte de l'activité que notre ami déployait déjà à cette époque moins agitée de sa vie, si nous ne rappelions la part considérable qu'il prenait à toutes les œuvres catholiques. Plus tard, au moment même où la politique paraissait l'absorber tout entier, il se multipliait pour ainsi dire afin de ne négliger aucune des nécessités de la lutte que la persécution religieuse avait provoquée et à laquelle il se livra avec une incessante ardeur. Mais pendant la période qui nous occupe, il était loin de demeurer étranger aux efforts que des âmes généreuses tentaient sur tous les points de notre pays pour ramener les générations nouvelles à la foi chrétienne dont l'oubli avait causé notre décadence et préparé nos malheurs. A vrai dire, il a été toujours, il a été essentiellement un homme d'œuvres : étudiant en droit à Paris, il entra dans la Société de Saint-Vincent de Paul et il demeura toute sa vie l'un des membres les plus zélés de la Conférence de Draguignan, dont son oncle, M. Paul Duval, avait été, pendant quinze ans, l'incomparable président. Nous avons vu que, dès son retour de Paris, il s'intéressa vivement à l'Œuvre de la Jeunesse qui avait alors pour zélateurs et pour patrons un groupe compact d'hommes jeunes, intelligents et dévoués, les condisciples ou les amis de Louis Guérin. Lorsqu'une communauté religieuse, l'Oratoire de Saint-Philippe, fut venue s'établir à l'Œuvre même, M. Guérin, personnellement et intimement lié avec plusieurs des membres de cette Congrégation, n'eut que plus de raisons de fréquenter assidûment leur maison et leur chapelle. Les exemples de piété qu'il y donnait, l'entrain avec lequel il se mêlait aux jeux des enfants, son abord affable et chaleureux, l'éclat même qui commençait à s'attacher à son nom, tout le rendit populaire parmi cette jeunesse qui était fière de se trouver en rapport avec lui. Aussi lorsque les P. P. de l'Oratoire eurent fondé un cercle en faveur des plus âgés, qu'il importait d'éloigner des réunions dangereuses, ceux-ci témoignèrent le désir, un peu ambitieux en apparence, d'avoir M. Guérin pour président. Il accepta sans hésiter ces modestes fonctions et il s'y consacra sans réserves. De nombreux témoins pourraient dire ce qu'il a dépensé là de temps et de peines, de quelle générosité il fit preuve en bâtissant à ses frais des salles nouvelles et en comblant sans compter les vides de la caisse, quelle action moralisatrice il commençait déjà à exercer, au grand bénéfice des familles et de notre ville tout entière, lorsque d'ineptes et calomnieuses dénonciations attirèrent sur ce cercle les foudres obéissantes de l'arbitraire préfectoral. Nous raconterons à sa place cet épisode significatif.

Ce fut à cette époque que M. Guérin entra en relation avec le Comité dirigeant des cercles catholiques. Il désirait affilier son œuvre à celle dont M. de Mun a été le promoteur. L'affiliation eut lieu et elle provoqua la fondation, à Draguignan, d'un Comité local dans lequel notre ami se réserva le rôle le plus actif, quoique le moins en vue. En qualité de secrétaire d'arrondissement, il se mit et se maintint en communication continuelle avec les principaux chefs de l'Association. Alors commença cette immense correspondance qui devait prendre des proportions colossales lorsque les besoins de la défense religieuse exigèrent une attention et un effort de tous les instants : labeur obscur, qui absorbait les loisirs de notre ami, qui empiétait sur le repos de ses nuits, qui pouvait sembler parfois exagéré et stérile et dont nous aurons à faire ressortir le mérite et les résultats.

Nous ne pouvons oublier de mentionner ici la coopération de M. Guérin au grand mouvement qui ressuscita les pèlerinages et jeta des foules innombrables sur les chemins des sanctuaires les plus vénérés. A ceux qui ne se rendraient pas pleinement compte des avantages spirituels que la piété catholique recherche et obtient par ces solennelles manifestations, nous demanderons s'ils ne comprennent pas au moins tout ce que les jeunes gens de nos cercles ont trouvé d'encouragements pour leur foi dans la vue de ces milliers d'hommes faisant hautement profession de fidélité à la religion et à ses pratiques, aussi empressés à avouer leur titre de chrétiens que d'autres le sont à le cacher ; reconquérant enfin contre ce respect humain qui tyrannise parmi nous tant de consciences une liberté qu'on ne leur enlèvera plus et que de maladroites persécutions ne font que leur rendre plus chère. Voilà ce que M. Guérin avait parfaitement compris et ce qui le décida tout à fait à user sans repos d'un des moyens les plus efficaces de propagande que l'on puisse employer à cette heure. Dès 1873, il fut l'un des organisateurs du magnifique pélerinage du diocèse de Fréjus à Lourdes, dont l'initiative partit de Draguignan et dont les souvenirs sont encore vivants dans les cœurs de tous ceux qui y prirent part. Chaque année depuis, on l'a vu à la tête de ses jeunes gens, venir prier dans quelqu'un de ces lieux consacrés par de grands et pieux souvenirs : à Sainte-Roseline et à Lérins, à N.-D. des Anges et à N.-D. de Consolation , à la Sainte-Baume et à N. D. de Pennafort. Pour être exact à ces réunions, il ne reculait devant aucune fatigue et l'on se souvient encore de l'étonnement plein d'émotion qui saisit les pélerins lorsqu'il arriva un matin au pieux rendez-vous, après une tournée électorale des plus écrasantes, ayant voyagé toute la nuit pour ne pas manquer l'heure de la messe et de la communion.

Ce trait révèle en lui une qualité rare et précieuse qui manque trop dans notre pays aux hommes de zèle et aux hommes d'œuvres : l'esprit de suite. On a pu reprocher à notre ami d'avoir embrassé trop de soins à la fois et de s'être usé avant le temps en ne ménageant pas ses forces. Il est du moins certain qu'il voulait énergiquement ce qu'il voulait, qu'il s'y appliquait sans relâche, qu'il ne se détournait pas d'un but pour en viser un autre, qu'il s'obstinait dans cette poursuite, se raidissant contre les obstacles, contre le découragement de ses collaborateurs, contre l'impossibilité apparente du succès. En agissant ainsi, on peut succomber à la

peine, mais on fraye un chemin où les autres passent et
finissent par aboutir. M. Guérin a été un persévérant
ouvrier du bien, un patient initiateur et si nous voyons
un jour mûrir la moisson, nous n'oublierons pas que
c'est lui qui a jeté la semence.

VII

Ceux qui nous ont suivi jusqu'ici dans l'étude de cette
noble et intéressante figure, ne nous pardonneraient pas
de tenir dans l'ombre les vertus de l'homme privé. On
peut rendre des services à une belle cause quand on ne
possède pas ces vertus, mais à coup sûr on n'est
pas digne alors d'être proposé à l'imitation de ses
semblables. Chacun sait déjà que M. Guérin était
exemplaire dans sa vie domestique; on nous saura gré
d'entrer dans quelques détails forcément incomplets.

Avant comme après son mariage, notre ami a eu
par-dessus tout le goût et le besoin des affections de
famille. Nous l'avons vu, à son retour de Paris, vivant
heureux entre sa mère et sa sœur; — sa mère, que la
tristesse d'un deuil déjà inconsolable n'empêchait pas
d'être pour lui toujours condescendante et gracieuse;
sa sœur, vive et enjouée, malgré le tour un peu austère
précocement donné à une existence vouée aux bonnes
œuvres; — partageant tous leurs sentiments, comprenant toutes leurs préférences, se complaisant dans leur
société. Jamais il ne fut tenté de se procurer loin d'elles
les distractions même honnêtes si chères aux jeunes
gens désœuvrés. Il était gai cependant, plein d'entrain
et de belle humeur; mais, ayant gardé son cœur, il ne
songeait plus qu'à le donner tout entier.

Quand il se fut créé un foyer, il ne changea rien à ces

simples et douces habitudes pleinement conformes à celles de la compagne qu'il s'était choisie. Douée de tout ce qui plait au monde, Madame Louis Guérin n'était pas mondaine ; très exacte à tous les devoirs qu'imposent les relations sociales, faisant les honneurs de sa maison avec une grâce sérieuse et un tact très sûr, elle ne recherchait ni le mouvement ni le bruit. Naturellement réservée et contenue, elle n'était, en réalité, indifférente à rien de ce qui passionnait son mari. Cette communauté de vues donna à notre ami un intérieur en harmonie avec ses goûts et avec sa vocation ; il trouvait chez lui, en temps ordinaire, le calme et le bien-être d'une maison bien réglée ; il pouvait, quand il le fallait, y exercer sans trouble une large et cordiale hospitalité. Ses amis personnels et ses amis politiques garderont le souvenir de ces réunions charmantes où une animation de bon ton, un échange libre et sincère d'opinions, une discussion amicale, maintenaient un niveau élevé et préparaient la fusion des esprits et l'accord des volontés.

Nommer les amis de M. Guérin, c'est rappeler un des côtés les plus sympathiques de sa nature. Nous ne connaissons personne qui ait eu plus d'amis que lui. Chose rare et exceptionnelle ! il en gagnait tous les jours de nouveaux et il n'en a jamais perdu aucun. Ceux qui l'ont connu dans son enfance l'ont aimé jusqu'à sa mort. Il y a quelques années, l'association des anciens élèves de Vaugirard venait chercher à Draguignan en sa personne le président de son banquet annuel. Témoignage éclatant rendu à celui qui était au plus haut degré fidèle et sûr en amitié. On pouvait, en effet, aveuglément compter sur lui ; ceux-mêmes qui redoutaient parfois ses premiers mouvements savaient qu'il ne se permettrait jamais en leur absence une parole moins bienveillante ou une plaisanterie moins mesurée.

Nous ne dirons pas qu'il avait horreur de la médisance, mais qu'il ne la comprenait même pas. Très franc avec tous, trop franc peut-être, il ne montrait aucune sévérité dans ses jugements et il était incapable de rancune. Il eût sans hésiter rendu d'importants services à ceux qui l'avaient blessé. Quant à ceux pour lesquels il éprouvait de l'estime et de l'affection, on croira difficilement jusqu'où il portait le dévouement en leur faveur ; même quand il n'avait aucun loisir, il leur prodiguait son temps, il leur ouvrait sa bourse, il multipliait ses démarches, il n'était jamais ni fatigué des soins qu'il fallait prendre, ni découragé par les obstacles qu'il fallait surmonter. A ce prix, il a eu la joie de se rendre vraiment et grandement utile à un nombre considérable d'hommes de toute condition dont beaucoup étaient déjà ses amis et dont les autres le sont tous devenus. Nous ne citerons aucun des faits qui nous ont été révélés : ils sont trop récents encore, mais nous affirmons qu'on a rarement poussé aussi loin le désir scrupuleux d'obliger ses semblables et de remplir vis-à-vis d'eux les devoirs de l'amitié ou de la charité. Nous ne pouvons cependant négliger de parler des abondantes aumônes que M. Guérin répandait avec une générosité qui pouvait presque sembler hors de proportion avec sa fortune. Qu'il contribuât pour sa grande part aux fréquentes souscriptions publiques motivées par tous les incidents de la lutte politique et de la lutte religieuse, chacun le sait et personne ne s'en étonne. Lui-même comprenait à merveille et disait hautement que l'exemple est ici nécessaire et qu'on a mauvaise grâce à demander aux autres des sacrifices qu'on ne fait pas soi-même très largement. Mais quelque considérables que fussent ces libéralités, elles étaient de beaucoup dépassées par ses largesses secrètes ; celles-ci revêtaient toutes les formes, elles se diversifiaient suivant les circonstances. Outre les redevances régulières qu'il payait à de pauvres honteux et plus volontiers à des institutions charitables, que de fois n'a-t-il pas avancé des sommes relativement importantes à des personnes qui lui étaient ou étrangères ou presque inconnues, pour les arracher à la ruine ou au déshonneur ! Son cœur et sa conscience se trouvaient d'accord pour ne pas lui permettre de repousser un appel fait à sa bourse ; il se serait reproché un refus plus que d'autres ne se reprochent une mauvaise action. Nous citerons un exemple : bien qu'il dût être avare de son temps, il s'astreignait à répondre par écrit à toute demande écrite et il envoyait toujours au moins une offrande modique aux auteurs de ces lettres innombrables qui viennent chaque jour, de tous les points de la France, solliciter la compassion ou le zèle des chrétiens riches et bienfaisants.

Ce que nous venons de dire d'une manière rapide et incomplète donnera au moins un aperçu de la vie que notre ami s'était faite et qui réalisait en grande partie l'idéal du bonheur que l'on peut goûter sur la terre, quand on cherche le bonheur là où il est, dans la vertu. Ajoutons quelques détails que nous fournissent les évènements survenus pendant les années qui nous occupent. Une joie bien douce qui ne fut pas refusée à M. Guérin, malgré l'inévitable tribut payé aux tristesses d'ici bas, fut de voir grandir sous ses yeux une aimable et nombreuse famille ; son vrai repos était d'assister en souriant, souvent sans parler, mais avec un regard singulièrement expressif et ému, aux jeux de ses enfants, ou d'en admettre quelqu'un dans son cabinet de travail pour se distraire lui-même en le suivant des yeux, ou d'ouvrir leurs âmes aux nobles sentiments par quelques mots partis de son cœur et qui trahissaient un vif et constant désir de les rendre semblables à ceux dont ils portaient le nom et dont ils devaient recueillir l'héritage. Cette préoccupation tient une grande place dans les admirables instructions, trop tôt connues, hélas ! où il parle à son fils aîné avec des accents tout vibrants de foi chrétienne et de virile tendresse.

A ces joies pour lesquelles nul n'était mieux fait que lui, s'ajoutaient de temps en temps quelques-uns des plaisirs qu'il appréciait davantage : des voyages de santé, d'agrément ou d'affaires. Plusieurs fois il passa ses vacances à Luchon où il accompagnait sa belle-mère , Mme Julien , qui trouvait là quelque soulagement à ses maux. Notre ami se livrait alors à une fièvre de marche qui l'entraînait sur tous les sommets et qui l'avait rendu familier avec tous les sites célèbres des Pyrénées. En 1876, il fit un second voyage en Italie qui renouvela, sur d'autres lieux, les enchantements du premier. Une excursion en Corse, une autre en Algérie, des visites à ses parents et à ses propriétés de Lorraine, remplirent ses autres vacances ; il enrichissait ainsi ses souvenirs, augmentait ses connaissances, ravivait ses amitiés ; mais nous n'osons pas dire qu'il réparait réellement ses forces, tant il se croyait alors sûr de sa santé et tant il était, par son ardeur naturelle, porté à en abuser.

Quoi qu'il en soit, rien à cette époque ne semblait devoir l'empêcher d'ajouter à tous ses travaux les soucis émouvants de la politique qui, sans l'avoir jamais abandonné , allaient le ressaisir avec plus d'empire que jamais.

VIII

Pendant les premières années de la troisième République , le rôle politique de M. Guérin ne put être très actif. Après être rentrés en scène aux élections de 1869 et de 1871 , les conservateurs étaient retombés parmi nous dans leur inertie. Bien des causes expliquent, sans le justifier complètement l'effacement, auquel ils se condamnèrent de nouveau. En 1873 , sauf l'opposition de quelques personnalités bonapartistes, les diverses fractions du parti de l'ordre étaient bien près de s'unir , comme venaient de le faire les chefs de la Maison de France, et il n'est pas douteux que , même dans le Var , la restauration de la monarchie légitime aurait été accueillie avec joie par les conservateurs de toute nuance, avec résignation par un grand nombre de républicains. Lorsque tout espoir de voir se fonder un régime durable fut perdu , le découragement des uns , l'audace renaissante des autres rendit la lutte plus difficile au moment même où elle devenait plus nécessaire. M. Guérin et les membres du Comité trop peu nombreux qu'il avait réussi à former, en vue des élections de 1876 , eurent d'abord beaucoup de peine à faire adopter la résolution de soutenir le combat. On se décida cependant , et le nom de l'honorable commandant Lombard semblait devoir rallier toutes les voix conservatrices , lorsque M. Emile Ollivier posa lui-même sa candidature. Nous n'étonnerons personne en disant que la fraction légitimiste et catholique , la plus agissante à cette heure et déjà spécialement représentée par M. Guérin, regretta vivement cette intervention. M.Ollivier se plaçait comme M. Lombard sur le terrain constitutionnel ; mais il était évident qu'il ne se dirigerait pas par les mêmes principes. Il pourrait, suivant les circonstances, favoriser la consolidation de la République ou le retour de l'Empire, jamais le rétablissement de la Monarchie. En outre, en ce qui concerne la question religieuse, il n'était pas des nôtres; plein d'équité et même de bienveillance à l'égard du clergé, il avait sur les rapports de l'Eglise et de l'Etat , sur toutes les matières qui touchent l'organisation ecclésiastique , des idées très arrêtées et souvent très différentes de celles que les catholiques doivent accepter pour eux-mêmes et s'efforcer de faire prévaloir. Tout en continuant à rendre pleine justice aux éminentes qualités de cet homme d'Etat, M. Guérin était de ceux qui ne pouvaient sans inconséquence patronner sa candidature. Aussi , lorsque M. Lombard se fut désisté , notre ami se vit avec douleur obligé de recommander l'abstention aux mêmes électeurs qu'il poussait naguère à l'action. Abandonné par les légitimistes , M. Ollivier n'obtint qu'un petit nombre de voix dans les deux arrondissements de Draguignan et de Brignoles où il s'était simultanément porté.

La situation fut plus nette l'année suivante , après le 16 mai , et le résultat , quoique défavorable encore aux conservateurs, fut bien autrement disputé.

Les candidats du Maréchal avaient été franchement agréés par tous les comités locaux ; dans l'arrondissement de Draguignan , M. Lemercier obtint un grand nombre de voix et à Brignoles M. Bagarry faillit être nommé. On a reproché quelquefois à M. Guérin d'avoir soutenu la candidature de M. Lemercier qui , dit-on, ne représentait pas ses opinions politiques et que ses antécédents rattachaient au parti bonapartiste. On oublie que lorsque les grands intérêts nationaux et religieux sont immédiatement en péril , nos amis ont toujours su faire abstraction de leurs préférences dynastiques. Quelle que fût la profondeur des convictions légitimistes de M. Guérin , il n'a jamais hésité un instant à s'allier avec ceux qui lui donnaient des garanties suffisantes en faveur des deux causes qu'il n'a jamais cessé de placer au-dessus de tout, celle de l'Eglise et celle de la France.

La victoire des 363 annonçait l'ère de désordre financier et de persécution religieuse que la présence au sénat d'une majorité conservatrice empêcha seule de s'ouvrir aussitôt. Lorsque ce dernier obstacle eut été écarté par les élections de janvier 1879 la guerre fut déclarée. C'est à partir de ce moment que le rôle de M. Guérin prend une importance considérable, nous allions dire exceptionnelle. Dès le premier jour on le vit sur la brèche; non pas tout de suite avec cet éclat qui l'a environné plus tard, lorsqu'il fut devenu le chef incontesté, aimé et admiré du parti de l'ordre dans notre département, du moins avec ce dévouement de tous les instants dont les exemples ne sont pas rares en France à cette heure, mais qui n'a peut-être été dépassé nulle part.

Dans le Var, comme ailleurs, le premier assaut fut livré à l'enseignement religieux. Avant que les lois scolaires, dont l'ensemble devait enserrer la liberté des catholiques dans les mailles d'une règlementation savamment draconienne, eussent été votées, la bonne volonté des conseils municipaux républicains répondant au mot d'ordre parti des loges maçonniques et aux encouragements non dissimulés du gouvernement suscitait contre les écoles chrétiennes des difficultés toujours nouvelles. Tout d'abord, on congédiait les instituteurs congréganistes partout où on pouvait le faire légalement; on essayait même de s'emparer de leurs immeubles. Pareille tentative avait échoué à Draguignan dès 1872 devant la ferme attitude des héritiers des donateurs. Mais en 1879, le F. Guy, directeur de l'Ecole des Frères étant mort, le conseil municipal s'empressa de retirer à son successeur le titre d'instituteur communal et la subvention qui permettait de donner aux enfants pauvres l'instruction gratuite. Pour conserver à notre population le bienfait de l'éducation chrétienne, un comité s'établit aussitôt sous la présidence de M. le chanoine Duval. Nous n'avons pas à raconter ici les merveilles accomplies par le zèle et l'esprit d'initiative des membres de ce comité. Bornons-nous à dire que M.

Guérin fut parmi eux l'un des plus actifs, comme il fut
aussi l'un des principaux souscripteurs. Il devait rendre
à la cause de l'enseignement religieux de bien autres
services. Pour aider les congréganistes à satisfaire aux
exigences chaque jour aggravées de la loi ; pour leur
apprendre à éviter les pièges qu'on ne cessait de leur
tendre ; pour les soutenir et les diriger dans la lutte
tracassière qu'ils étaient obligés de subir ; pour augmenter dans la mesure du possible leurs ressources
épuisées, des hommes de science et de foi s'étaient
réunis à Paris, sous des titres divers, et ils envoyaient
sur tous les points de la France des consultations, des
renseignements et de l'argent. C'est grâce à eux que
l'on a pu voir le spectacle inouï et consolant de milliers
d'écoles survivant aux ruines sous lesquelles on s'était
flatté de les ensevelir, presque toujours plus nombreu-
ses et plus prospères qu'avant la persécution. Mais il
ne suffisait pas que le mouvement partît du centre, il
fallait qu'il parvînt aux extrémités, il fallait que les Comités de Paris eussent partout des correspondants as-
sidus et des auxiliaires énergiques. M. Guérin remplit
ce rôle dans notre département avec un dévouement,
une compétence et une autorité qui ne seront jamais
assez connus et assez admirés. Ceux qui ont dépouillé
ses papiers, sont demeurés confondus à la vue de l'immense dossier qui témoigne en faveur de sa prodigieuse
activité : lettres reçues et transmises, consultations ju-
ridiques détaillées et profondes, avis sages et forte-
ment motivés ; voilà le travail ignoré auquel se livrait
ce chrétien que l'on se représentait parfois comme un
ambitieux impatient d'arriver. Oui, nous l'avouons, ce
travail était excessif ; il a contribué pour une grande part
à hâter une mort que nous ne saurions trop déplorer.
Mais qu'on le sache bien : si des hommes comme M.
Guérin ne s'étaient sacrifiés à cette tâche en apparence

ingrate et pourtant si féconde , rien n'eût mis obstacle au plan combiné avec une infernale habileté par ceux qui voulaient profiter de leur passage au pouvoir pour extirper la foi chrétienne en France.

Chaque jour du reste allait désormais fournir à notre ami une nouvelle occasion de se signaler par des actes continuels de vigilance et de résistance à l'oppression. Après les écoles chrétiennes , vint le tour des congrégations religieuses. Nous ne referons pas l'histoire tout à la fois trop connue et trop oubliée des évènements qui s'accomplirent alors, à la honte d'un parti qui a perdu le droit d'invoquer le nom de la liberté. Dans le **Var** , comme partout , les religieux expulsés furent entourés et soutenus par l'élite de la population. A Draguignan , M. Guérin avait doublement sa place auprès des PP. de l'Oratoire menacés, et comme ami et comme avocat. Il ne fut pas seul : plusieurs avocats et avoués s'étaient joints à lui pour protester par leurs actes , comme ils avaient protesté par écrit, contre la scandaleuse illégalité qui se préparait. D'autres encore , et en grand nombre, étaient là : des hommes de tout âge et de toute condition, des jeunes gens, des enfants, des collégiens ; ils arrivaient chaque matin bien avant le jour , par une saison froide et tempétueuse, pour être , à l'heure de l'attentat, les témoins du droit et les vrais champions de la liberté. L'expulsion violente n'eut pas lieu à Draguignan , mais , le 19 novembre 1880 , un conseiller de préfecture , à défaut du commissaire de police, noblement démissionnaire , vint , en tremblant de tous ses membres , apposer les scellés sur la chapelle de l'Oratoire.

Le 4 décembre suivant , M. Guérin fut plus directement atteint par un arrêté préfectoral , à lui signifié, ordonnant la fermeture du cercle catholique dont il était le président. Bien que cette exécution ait suivi celle que nous venons de raconter, elle était préparée depuis longtemps. Dès le mois de mai, des articles de journaux où la vérité, le bon sens et la grammaire se trouvaient également outragés, adressaient à ce sujet au Préfet les injonctions les plus formelles et des menaces à peine déguisées. Comme toujours, les membres du cercle étaient accusés de *faire de la politique*. A la lecture de ces articles, M. Guérin avait pris les devants et avait écrit à M. Rey pour repousser de toutes ses forces une imputation assurément mensongère, et il paraît que cette démarche n'avait pas tout d'abord déplu au Préfet, qui y avait répondu par une visite empressée et par des déclarations rassurantes. Il lui déplut cependant que dans sa protestation contre l'arrêté du quatre décembre, M. Guérin lui rappelât publiquement ces curieux incidents. Il lui fallut aussi subir le reproche mérité d'avoir appuyé les considérants de cet arrêté, non-seulement sur une allégation calomnieuse, mais encore sur des faits matériellement faux et contradictoires. Il dut enfin supporter que le président du cercle dissous usât de son droit strict en continuant à recevoir ses jeunes gens dans le local du cercle, au moyen d'invitations personnelles. Disons-le en passant : si toutes les victimes de l'arbitraire savaient se défendre avec cette intelligente ténacité, elles réussiraient à empêcher, non pas toujours les coups de force, souvent au moins les cauteleuses violations de la légalité.

Quelque énergique qu'eût été jusqu'alors l'attitude de M. Guérin, il comprenait qu'il ne devait pas se borner à la défensive, mais qu'il était temps de saisir l'opinion publique en invitant les catholiques et les hommes d'ordre à revendiquer leurs droits menacés. Dès 1879, un vaste pétitionnement s'organisait en France contre la loi annoncée qui devait, sous prétexte de neutralité, interdire l'enseignement du catéchisme dans l'école. Partout les pères de famille s'étaient émus et d'innombrables signatures attestaient la répugnance et l'effroi que leur inspirait cette entreprise anti-chrétienne. On n'ignore pas combien il est difficile dans nos pays d'obtenir la manifestation extérieure des sentiments qu'éprouvent nos compatriotes. Souvent indignés et inquiets, ils demeurent passifs et résignés. Grâce cependant à l'activité déployée par les membres des Comités des écoles libres, un nombre relativement considérable de pétitionnaires adhéra, dans le Var, aux justes réclamations qui s'élevaient de toutes parts. Restait à obtenir la légalisation des signatures ; la mauvaise grâce et les singuliers procédés de certains magistrats municipaux auraient découragé des hommes moins résolus. A Draguignan, en particulier, l'exercice du droit de pétition fut entravé par toute espèce de manœuvres, inconnues sous tous les autres régimes, et qui n'empêchèrent pas la protestation d'être éclatante et significative.

L'opinion était désormais saisie. Pour l'éclairer davantage, on songea à user d'un moyen dont les conservateurs n'avaient pas jusqu'alors suffisamment apprécié l'efficacité. Une série de conférences données, la première par M. Dubosc de Marseille, les autres par M. Guérin lui-même et par M. Bernard Athanoux, dévoilèrent à nos concitoyens le plan et les intentions des sectaires qui proscrivaient l'enseignement religieux. Cet essai démontra quels services la parole chaude et convaincue de M. Guérin pouvait rendre, partout où il la porterait, pour ranimer le courage de nos amis et les exciter à la lutte. On prit l'habitude de l'appeler là où il y avait une position à défendre ou une question importante à traiter devant les électeurs ; c'est ainsi qu'il fit successivement des conférences aux Arcs, à Fréjus, à Aups et dans plusieurs autres communes. S'il ne détermina pas toujours la victoire, il sut du moins plaire à ces foules mobiles, impressionnables, souvent trompées, mais dignes et capables d'entendre un langage honnête, qui, pour leur malheur et pour le nôtre, leur est si rarement adressé. On doit regretter que ses occupations si absorbantes et la fatigue qu'il commençait à ressentir aient empêché M. Guérin de se livrer à un apostolat pour lequel il était fait. Mais il ne négligea rien pour attirer dans notre département des conférenciers de talent et de renom. Si les longs pourparlers qu'il échangea avec les Comités de Paris ne réussirent pas, comme il l'avait sérieusement espéré, à amener parmi nous M. Baragnon et M. de Mun, il eut du moins la bonne fortune de nous présenter M. Barbes et M. Calla. M. André Barbes, qui avait conquis déjà une légitime autorité en se faisant agréer par les bruyants auditoires parisiens, séduits et charmés par sa verve et par son aplomb, fit à Draguignan ses débuts dans la carrière qu'il devait parcourir avec tant d'éclat et terminer par une mort si prématurée. M. Calla, dont on peut dire qu'il est, par son zèle à toute épreuve et par son éloquence claire et vibrante, le type et le modèle des conférenciers, eut la gloire de donner le premier branle au mouvement conservateur qui allait se produire parmi nous à l'approche des élections de 1885.

IX

Nous ne dirons rien des élections générales de 1881, parce que, aucun espoir ne paraissant permis, aucun effort sérieux ne fut tenté. Sauf les protestations partielles que nous venons de rappeler, on souffrait en silence la persécution religieuse, on subissait plus d'une tyrannie locale, on s'étonnait plus qu'on ne s'effrayait du

gaspillage effréné des finances. Mais si les troupes,
presque partout démoralisées, abandonnaient le combat,
les chefs préparaient le retour offensif que les circonstances devaient bientôt rendre possible. Il ne faudrait
pas croire que M. Guérin et ses amis, en prenant
souvent une initiative, qui d'ailleurs, dans les temps
troublés, appartient à tout bon citoyen, eussent
toujours agi sans mandat. De tout temps, M. le comte
de Chambord avait eu dans le Var, comme dans tous les
autres départements, des représentants attitrés avec
lesquels notre ami s'était concerté, et par lesquels il
était tenu en haute estime. Depuis quelques années, il
leur avait été adjoint par une délégation régulière. Lorsque, le 24 août 1883, la mort de ce prince si noble et si
méconnu vint plonger dans le deuil tant de Français
fidèles, M. Guérin fut un de ceux qui n'hésitèrent pas un
instant à se rallier à son légitime héritier. Naturellement désigné au choix de Monsieur le comte de Paris,
il fut l'un de ses deux représentants dans l'arrondissement de Draguignan. C'est à ce titre qu'il présida la
conférence donnée à Draguignan par M. Calla; c'est à
ce titre qu'il exhorta vivement les Comités locaux à
prendre part aux élections municipales du 4 mai 1884,
dont le succès relatif fut d'un bon augure pour les élections générales. Non content de recevoir, et au besoin
de demander des instructions écrites, M. Guérin s'empressa dès qu'il y fut invité, d'aller à Cannes porter à
Monsieur le Comte de Paris l'expression de son dévouement. Plusieurs fois avant l'expulsion, il eut l'honneur
de présenter au prince des hommes énergiques, des
jeunes gens résolus qui n'attendaient que le moment
opportun pour commencer le combat. Ces mémorables
audiences remplirent d'espoir et d'ardeur tous ceux à
qui il fut donné de connaître et d'admirer les royales
qualités qui feront du chef de la Maison de France le

Restaurateur de la patrie. Elles eurent une sérieuse influence pour déterminer le grand effort conservateur qui fut tenté en octobre 1885.

Il serait inutile de rappeler à ce propos des faits récents et qui sont encore dans toutes les mémoires, mais nous devons marquer nettement le rôle que joua M. Guérin et les mobiles auxquels il obéit. Chacun sait que son action fut alors plus éclatante que jamais et qu'à partir de cette époque l'attention publique fut définitivement fixée sur lui. Bien qu'il n'ait pas été candidat, on lui rapporta une bonne part de l'honneur de cette campagne. Tout d'abord cependant, quelques-uns lui reprochèrent de ne pas affronter personnellement le scrutin. Il se réservait, disait-on, et sachant que le triomphe n'était par encore possible, il ne voulait pas compromettre par un échec des chances qui ne pouvaient manquer de grandir. Rien n'était plus étranger au caractère de notre ami qu'un calcul de ce genre. Ce fut au contraire le désir de montrer son désintéressement qui le décida à refuser toute candidature. Il craignait, non sans raison, que l'on pût attribuer à des vues ambitieuses l'activité qu'il déployait lui-même, la vivacité avec laquelle il excitait les autres, et il jugeait bon de donner l'exemple d'un zèle pur de toute apparence de recherche personnelle. Une autre considération le confirma dans sa résolution. Il savait que plusieurs, parmi les conservateurs timides et attardés, redoutaient ce qu'ils continuaient à appeler son *cléricalisme* et estimaient, un peu naïvement, qu'il convient de confier la défense des intérêts religieux à des hommes qui ne soient point trop ouvertement connus pour leur dévouement à la religion. M. Guérin qui avait toujours mis son honneur à se montrer ce qu'il était, un loyal chrétien, comprit qu'il fallait, en ce qui le concernait, céder au préjugé et attendre d'être mieux connu

pour être pleinement accepté. Et en effet, quelque temps
après, on eut fort étonné les électeurs que son abord
avait conquis, que sa parole avait enflammés, si on leur
avait dit qu'il était un de ceux qui sont vulgairement et
ineptement nommés des cléricaux. Sans rien dissimuler
de ses convictions et de ses habitudes, il s'était révélé à
tous comme un homme politique dont rien désormais ne
pouvait affaiblir l'autorité.

On doit reconnaître qu'il a été le véritable orga-
nisateur de la campagne électorale et que sans lui
les forces dispersées du parti conservateur n'auraient
été ni groupées, ni mises en mouvement. Ses collaborateurs immédiats savent seuls ce que fut sa vie
pendant les deux mois qui précédèrent le Congrès du
Luc : écrire de sa main à tous ceux qu'il supposait capables d'éclairer ou d'animer l'opinion ; visiter personnellement les communes les plus éloignées afin de ré-
chauffer les tièdes et de décider les hésitants ; envoyer
partout des journaux et des affiches et veiller à leur
exacte distribution ; répondre par lettres et par dépê-
ches aux innombrables questions qui lui étaient adres-
sées, aplanir les difficultés , ménager les amours propres, encourager par la plume , par la parole , par toute
espèce de procédés gracieux, les ouvriers de la dernière
heure et leur inspirer un surcroît de bonne volonté ; pré-
voir et prevenir les défections , empécher les fausses
manœuvres , dissimuler les fautes de quelques-uns et
ses propres mécomptes : voilà ce qu'il a su faire avec un
esprit de suite et un à-propos admirables. C'est à ce
prix, et au prix de certaines concessions qui lui coûtè-
rent, et auxquelles il consentit plus par discipline que
par conviction , que le Congrès du Luc put se réunir et
désigner avec ensemble des candidats laborieusement
et heureusement choisis. Ici encore, nous sommes dis-
pensé de raconter ce que personne n'a oublié : cette réu-

nion imposante par le nombre, un peu incertaine dans
ses vues, cherchant un guide et prête à l'acclamer ; ce
président — c'était M. Guérin — qu'on pouvait croire
novice dans l'art de diriger les foules et qui s'empare
aussitôt de son auditoire ; ces accents généreux qu'il
sait trouver pour parler à la raison et au cœur, à l'ima-
gination et aux intérêts ; cet enthousiasme qu'il ressent
et qu'il communique, en un mot ce Congrès qui ressem-
ble si peu à d'autres Congrès tenus tout près de là,
parce qu'il s'est rencontré un homme qui a réveillé et
fait vibrer les sentiments de patriotisme et d'honneur,
au lieu de flatter les instincts jaloux et les grossières
convoitises du peuple ; voilà le spectacle qui fit une pro-
fonde impression sur les 400 délégués présents, lesquels
vouèrent ce jour là une confiance sans réserve au chef
qui venait de se révéler.

Si nous nous appliquons à faire ressortir les services
que rendit alors M. Guérin, nous ne méconnaissons pas
les mérites des candidats, MM. Bagarry, Barbes, Serre
et Rigaud. Leur éloquence et leur sang-froid, leur énergie et leur infatigable activité contribuèrent puissam-
ment à amener au scrutin un nombre considérable d'é-
lecteurs depuis longtemps habitués à l'abstention. Mais
comme le temps devait leur manquer pour aborder certains points plus reculés, ils furent suppléés par notre
ami qui ne recula pas devant cette nouvelle fatigue :
accompagné de deux auxiliaires dévoués, il parcourut,
malgré les intempéries d'une saison troublée, toutes les
communes du canton de Comps, parlant à toute heure,
allant à la recherche de ses auditeurs, se dépensant
comme il l'eût fait dans les cantons les plus importants.
Tant de peines portèrent leurs fruits. L'heure du succès
complet n'avait pas encore sonné ; mais, cette fois du
moins, le parti conservateur n'eut rien à se reprocher.
Aussi, le résultat définitif étonna ceux qui le croyaient

écrasé dans le Var : le ballotage donna 20,000 voix aux adversaires de la République dans un département qui passe à juste titre pour une de ses places fortes. Si l'on tient compte de toutes les conditions d'infériorité dans lesquelles ils se trouvaient, on conviendra qu'ils avaient lieu de se féliciter de n'avoir pas déserté le champ de bataille et qu'ils devaient une vive reconnaissance à ceux qui les y avaient conduits. Cette reconnaissance fut partagée par le prince dont M. Guérin était allé prendre les ordres en assistant à Paris à la grande réunion tenue chez M. Lambert Sainte-Croix. Exactement renseigné, comme toujours, sur le caractère et la signification du scrutin, Monsieur le Comte de Paris daigna exprimer sa satisfaction à M. Guérin par une lettre que nous nous faisons un devoir de reproduire :

Monsieur ,

Je sais que vous avez pris la part la plus active et la plus heureuse à la lutte électorale engagée par nos amis dans le Var. Je viens vous remercier et vous encourager. Il faut en effet se préparer à de nouvelles luttes. Une expérience utile a été faite. Il faut en profiter.

Veuillez me croire

Votre affectionné,

Philippe Comte de Paris.

X

La ligne de conduite que lui traçait cette lettre, M. Guérin était bien décidé à la suivre. Un grand pas avait été fait: il était de ceux qui ne s'arrêtent pas et qui ne permettent pas aux autres de s'arrêter. Autour de lui , du reste, tous comprenaient la nécessité de marcher dans la voie qui venait d'être ouverte et de songer déjà au nouvel et définitif effort qu'il faudrait faire , dans un avenir qui pouvait être prochain. Aussi les mois qui s'écoulèrent après les élections ne furent pas une période de repos; M. Guérin s'appliqua tout de suite à compléter et à perfectionner l'organisation commencée et cette tache , pénible toujours , fut rendue plus facile par l'entrain et la bonne volonté de ceux qui l'ayant vu à l'œuvre , ayant conçu pour lui une estime qui allait parfois jusqu'à une véritable admiration , ne lui marchandèrent pas leur concours. L'arrondissement de Draguignan se trouva bientôt pourvu, presque dans toutes les communes , de Comités plus ou moins nombreux , mais ayant partout une forte cohésion et rattachés au Comité central par des communications de plus en plus fréquentes. Dès lors, la plupart de leurs membres contractèrent l'habitude de ne jamais venir au chef-lieu sans se présenter à M. Guérin à qui ils rendaient compte de leurs actes, auprès de qui ils prenaient en quelque sorte le mot d'ordre , et qui , doué d'un tact chaque jour plus exercé, excellait à manier les caractères les plus opposés et à tirer parti des instruments les plus variés.

Ces remarquables aptitudes furent bientôt si universellement reconnues que lorsqu'il s'agit de donner un président au Comité départemental, l'Assemblée qui se tint à Toulon n'hésita pas à élire M. Guérin, malgré les refus que sa modestie opposait à ce choix et dont sa jennesse était le prétexte. Ceux qui s'effacèrent devant lui et qui se trouvaient depuis longtemps signalés par leurs talents et par leurs services proclamèrent que nul n'était plus capable de parler et d'agir au nom du Prince qui ratifia cette nomination.

Monsieur le Comte de Paris connaissait, en effet, tout

le mérite de notre ami. Un sentiment de réserve nous empêche de mettre sous les yeux de nos lecteurs les nombreux témoignages de bienveillance dont M. Guérin fut honoré de sa part. Nous dirons du moins que les lettres qu'il adressait à son auguste correspondant lui ont valu des réponses qui étaient pour lui une récompense et un nouveau stimulant. Aussi, lorque l'inique loi de bannissement fut votée, une adresse, exprimant l'indignation et le redoublement de respect qui remplissaient tous les cœurs vraiment français, porta au royal exilé des assurances et des promesses dont M. Guérin fut, comme toujours, le garant. Lorsque le désir de soutenir et de diriger ses fidéles amena Monsieur le Comte de Paris à San-Remo, la députation de Draguignan se fit remarquer par le nombre et par l'ardeur de ceux qui la composaient et M. Guérin apprit peu de temps après, par une voie très sûre, que le Prince avait daigné constater que les progrès considérables réalisés parmi nous étaient dus à sa persévérance et à son dévouement. Enfin, lorsque parurent les *Instructions* si opportunément envoyées aux représentants de Monseigneur, la distribution en fut faite dans le Var avec un ordre et un empressement qui furent dépassés par l'avidité avec laquelle elles furent partout demandées, si bien que, pour la première fois, M. Guérin se vit impuissant à suffire aux exigences de la propagande.

Cette propagande s'exerçait en même temps par un journal que M. Guérin avait réussi à rendre l'organe du Comité monarchique. La difficulté de fournir des rédacteurs et des abonnés à une feuille bi-hebdomadaire, forcément écrasée par la concurrence des journaux quotidiens à bon marché, était grande; mais la nécessité de posséder un journal local était indiscutable. Dénoncer les abus du pouvoir, tenir en respect, par la crainte d'une divulgation presque toujours accompagnée de ridicule, les tyrans de village et même certains personnages plus puissants qui aiment à opérer, quand ils le peuvent, dans les ténèbres et dans le silence; mettre en lumière les modestes mais féconds efforts de ceux qui résistent courageusement à l'oppression et leur donner l'appui d'une solidarité publique; enfin, en un jour de crise, à la veille d'une élection, avoir toute dressée une tribune qui permette de faire entendre le cri de ralliement et les ordres des chefs et n'être pas obligé d'emprunter à grand frais ou de créer de toutes pièces un journal éphémère, voilà le but que se proposa et qu'atteignit la volonté obstinée de M. Guérin. Il trouva des fonds, des rédacteurs vraiment capables et des abonnés en nombre suffisant; et si, maintenant qu'il nous manque, cette œuvre, qui était la sienne, venait à périr, il faudrait s'en prendre à la fâcheuse manie des conservateurs qui, en face d'ennemis parfaitement disciplinés, semblent mettre leur joie à dénigrer leurs défenseurs ou tout au moins à les abandonner.

C'est parce que ce journal était l'œuvre de M. Guérin qu'on y chercherait vainement une mention de la part importante et décisive qu'il prit à la mémorable élection de Tavernes. Modeste comme il était, il ne voulait pas que son nom fût prononcé dans une feuille qui recevait ses inspirations. Et cependant, ce nom était dans toutes les bouches à l'occasion de l'événement que nous venons de rappeler. On se souvient de l'audacieuse illégalité commise par le Préfet du Var, M. Paul, annulant de son autorité privée l'élection de l'honorable M. de Bresc au Conseil général. On se souvient de la singulière attitude de la majorité républicaine, laissant s'accomplir dans son sein cette usurpation et cette violence. On n'a pas oublié non plus la revanche que prirent les conservateurs de ce canton en réélisant, malgré l'incroyable pression qu'ils subirent, le conseiller expulsé. Mais cette seconde épreuve avait lieu dans les conditions les plus défavorables : frappé à ce moment même dans ses plus chères affections, M. de Bresc ne parut pas au milieu de ces populations qui le connaissaient et qui l'aimaient, tandis que son rival, abusant des avantages de sa candidature officielle et ne négligeant pas de se parer d'insignes éclatants, annonçait hautement sa prochaine vicioire. Il avait compté sans l'intervention de quelques hommes de cœur au nombre desquels se trouvait encore M. Guérin; ce que M. de Bresc ne pouvait faire, tenir des réunions publiques, répondre à toutes les calomnies, éclairer par des faits et par des chiffres l'esprit et la conscience des électeurs, ces Messieurs le firent dans les quelques jours qui précédèrent immédiatement l'élection. Plus que jamais, M. Guérin se montra doué de tous les dons qui captivent et qui entraînent; il exerça sur les uns cette séduction qui le rendait si populaire; il inspira à ceux qu'il combattait des colères qui devaient demeurer impuissantes. Furieux de leur défaite, les radicaux l'attaquèrent dans leur presse en lui prêtant un langage absurde et odieux : la rétractation formelle ne se fit pas attendre, et il en dicta lui-même les termes, tant il était désormais en état de faire respecter par tous et partout sa personne et son attitude.

A cette époque, au mois de mai 1887, la situation de M. Guérin avait atteint son apogée. Comme chef de parti, il était agréé de tous, aimé de beaucoup, universellement admiré; comme avocat, il était non seulement apprécié à sa valeur, mais entouré d'une faveur que le hasard même semblait servir, car on remarquait qu'il faisait triompher au Palais presque toutes les causes dont il se chargeait; nous avons dit déjà que son talent avait acquis sa pleine maturité; enfin, comme homme privé et comme chrétien, toutes ses habitudes se ressentaient des aspirations qu'il entretenait vers une vertu plus haute et une piété plus parfaite. Il avait toujours élé bienveillant et charitable, il devenait plus doux et plus égal. Il s'était toujours appliqué à garder sa conscience pure de toute faute, il se préoccupait maintenant de corriger ses moindres défauts. Une retraite qu'il fit au mois de septembre de cette année lui inspira de nouvelles et plus généreuses résolutions. Bien des personnes ignorent le mouvement religieux qui, à cette heure, s'opère dans une foule d'âmes et les porte à marcher vers la perfection évangélique. Dans ce but, un grand nombre de chrétiens militants, appartenant aux classes élevées de la société, ont pris l'habitude de se réunir en des lieux très différents mais avec des vues identiques, pour faire ensemble de véritables retraites spirituelles. Oui, des retraites, où la méditation prolongée, les prières fréquentes, les examens détaillés permettent à tous de se mieux connaître et de mieux connaître leurs devoirs et leur vocation. Elevé par les RR. PP. Jésuites, M. Guérin n'ignorait pas ce grand moyen de sanctification; il l'avait pratiqué dans son enfance et dans sa jeunesse, et nous avons lu avec émotion ses impressions de retraite écrites au collège et soulignées par son Directeur de remarques encourageantes : il s'était déjà approprié les sentiments que l'on retrouve dans toutes les âmes de choix. Mais depuis longtemps il n'avait pas eu l'occasion de recommencer ces pieux exercices qui, jadis familiers à tous, étaient naguère encore inconnus et étrangers aux plus fervents catholiques. Mais du moment que les hommes d'œuvre revenaient à ces pratiques, M. Guérin devaient être ceux qui en comprendraient le mieux l'utilité. Il ne faut donc pas s'étonner de le voir se plonger dans la solitude et faire sur lui-même ce travail austère qui trempe, qui purifie et qui renouvelle ceux-mêmes qui semblent avoir le moins besoin de conversion. A quel point il fut fidèle aux règles minutieuses d'une retraite bien faite, à quel point il fut touché dans son cœur et ranimé dans sa ferveur, la lecture des pages qu'il écrivit alors nous l'a révélé et nous a permis de mesurer l'étendue des progrès qu'il aurait réalisés encore, s'il avait vécu. Nous ne pouvons citer que peu de chose ; mais comment ne pas mettre sous les yeux de nos lecteurs des réflexions comme celles-ci, sincères à coup sûr et destinées à produire leurs fruits : « *Dieu attend de nous tout ce que nous pouvons lui donner..... Nous sommes capables, sans doute, de grands efforts, mais souvent nous reculons devant une petite chose qui nous coûte. Comment alors s'exposer aux attaques, aux mépris, aux calomnies du monde sur nous et sur nos œuvres, si nous ne savons pas nous renoncer nous-mêmes.... Ne perdons pas de vue qu'avant de sanctifier les autres, nous devons nous sanctifier nous-mêmes.* »

M. Guérin était donc muni de tout ce qui pouvait le rendre un homme de plus en plus utile et un chrétien complet ; les services dont on lui était redevable n'étaient que peu de chose à côté de ceux qu'on attendait encore de son zèle et de son influence. Vînt une circonstance favorable ; vînt même une crise redoutable, c'était sur lui que tous les regards se porteraient, c'était lui qui serait investi de la confiance d'un grand parti et, peut-être, chargé de quelque grande et glorieuse mission. Il était jeune encore ; si Dieu lui conservait la santé et la vie, il voyait tout ouvert devant lui un bel et fécond avenir. Hélas ! sa santé était déjà ruinée, la vie allait lui échapper.

XI.

M. Guérin ressentit, dès l'année 1884, les premières atteintes du mal qui devait l'emporter. Des palpitations du cœur assez douloureuses, s'aggravant lorsqu'une émotion triste ou une préoccupation excessive venait le saisir, furent pour lui un avertissement qu'il ne négligea pas tout à fait , mais dont il ne tint cependant pas assez de compte. Sa robuste constitution, l'exemption absolue de toute maladie grave lui avaient inspiré une confiance exagérée. Il était du reste dans une voie où il est presque impossible de s'arrêter, à moins de prendre une de ces résolutions radicales qui coûtent trop à des natures comme la sienne, parce qu'elles les condamnent à un repos que leur tempérament ne supporte pas et que leur conscience leur reproche. A ces symptômes déjà menaçants s'ajoutèrent, pendant la période électorale de 1885, des insommies presque continuelles : la tension continuelle de son esprit, les contrariétés que lui procuraient chaque jour de nouvelles complications , les mécomptes, les surprises, les indignations qu'il éprouvait en face de certains calculs qu'il ne pouvait comprendre 'et de certaines hésitations qu'il ne pouvait partager; toutes ces causes d'agitation violente augmentèrent son malaise , assez visible désormais pour inquiéter sa famille et ses amis. On observait avec peine sur sa figure les traces d'une fatigue croissante et d'une vieillesse prématurée; on se disait que les secousses de la vie politique achèveraient bientôt de ruiner une santé ébranlée par les soucis et les émotions du Palais. Nous l'avons dit : la sensibilité de M. Guérin était extrême et, quelque apparents qu'en fussent parfois les éclats, la contrainte qu'il lui imposait n'allait pas sans de douloureux et épuisants efforts. Ceux qui l'ont connu intimement savent au prix de quelle vigilance héroïque il était parvenu, dans ces derniers temps, à se posséder pleinement lui-même ; mais la flamme contenue le consumait peu à peu. L'admirable candeur de son âme, fleur et fruit d'une innocence de tout temps conservée, le protégeait mal contre les dégoûts que provoque trop souvent le maniement des affaires, surtout des affaires publiques. Nullement ombrageux ni susceptible pour lui-même, il s'étonnait et il s'irritait de ne point voir les causes qui lui étaient si chères servies et défendues avec l'ardeur, le désintéressement, la générosité qui assureraient leur triomphe. Sans avoir jamais été aigri, encore moins découragé, il subissait donc une excitation habituelle qui devait à la longue altérer ses organes et atteindre en lui les sources de la vie. Il faut reconnaître aussi qu'il ne sut pas toujours s'imposer une hygiène assez sévère : les excès de travail que nous avons signalés s'expliquent et s'excusent par les circonstances qui les ont motivés et qui n'ont pas toujours préservé notre ami, si oublieux de son repos, du reproche de laisser traîner certaines affaires. Il eut peut-être le tort de vouloir trop agir par lui-même, mais il savait par expérience qu'une foule de choses ne seraient pas faites, s'il ne les faisait pas. Nous avouerons cependant qu'il commit d'autres excès : non pas ceux assurément auxquels entraîne l'amour du bien-être et la recherche du plaisir. Bien au contraire, absorbé par des goûts plus nobles et des pensées plus hautes, il fit trop peu de cas des soins qu'exige la conservation de la santé, il consentit trop tard à s'en occuper, lorsque le mal avait fait déjà d'effrayants et irrésistibles progrès.

Des symptômes tout à fait alarmants se manifestèrent dès le mois d'octobre 1887. Un régime exactement suivi pendant plusieurs mois paraissait produire une amélioration qui ne rassurait qu'incomplètement ses amis, lorsqu'un déplorable évènement, en le plongeant dans la plus cruelle affliction, vint porter le dernier coup à ses forces presque épuisées Mme Guérin-Duval lui fut enlevée, au mois de février, par une courte et insidieuse maladie devant laquelle échouèrent toutes les ressources de la science et tous les efforts du dévouement.

Ceux qui pendant cette cruelle semaine assistèrent jour et nuit notre ami et furent témoins de ses angoisses et de ses larmes, de ses prières et de ses désespoirs, comprirent qu'il ne survivrait pas longtemps à celle dont la mort lui infligeait, dans l'état où il se trouvait lui-même, une telle secousse et une telle douleur. Il se soumit comme un chrétien doit se soumettre, il essaya virilement de se relever. Mais, pour échapper à l'accablement qui menaçait de terrasser son vaillant cœur, il n'eut d'autre ressource qu'un travail acharné; jamais il ne s'était plongé avec tant de passions dans ses dossiers, jamais il n'avait consacré plus de temps à la préparation de ses affaires. Sa seule joie était dans la société de ses cinq enfants; tantôt il les conduisait à sa mère et à sa sœur; tantôt il les accompagnait à la promenade dans quelque sentier isolé, excitant sur son passage une unanime et compatissante sympathie. Hélas ! nous le vîmes alors, lui naguère si vigoureux, si alerte dans son pas précipité, suivre avec peine sa jeune famille, dont la marche était trop rapide pour sa faiblesse devenue excessive. Il songeait à la mort et commençait à prendre sans trouble, mais sans illusion quelques dispositions qu'une surprise terrible devait l'empêcher d'achever. Il avait passé les vacances de Pâques à Toulon, chez M. Jullien, son beau-père, dont la douleur égalait la sienne et qu'il s'efforçait d'entourer des prévenances les plus filiales. Revenu à Draguignan,

il semblait plus fort , moins abattu, lorsque le 12 avril ,
étant sorti après son repas pour faire une démarche en
faveur d'un ami, il fut saisi par le froid, très vif pour la
saison , qui régnait ce jour là. Tout d'un coup , un malaise étrange l'envahit, la vue lui manque et il a beaucoup de peine à franchir le seuil d'une maison voisine
où l'on s'empresse autour de lui. Un peu remis, il se
traîne chez son médecin qu'il ne trouve pas, rentre
d'abord chez sa mère , se laisse reconduire chez lui et
comprenant quel sacrifice lui est demandé, pensant à
ceux qu'il va quitter , à ses enfants qu'il va laisser doublement orphelins , il pousse cette exclamation : « C'est
dur, c'est dur, mais que la volonté de Dieu soit faite ! »
Bientôt, ses paroles deviennent moins distinctes quoique
sa pensée demeure parfaitement lucide. Avec effort,
mais d'une manière bien claire , il manifeste le désir de
se préparer à paraître devant Dieu. En l'absence de son
confesseur , le prêtre même qui avait naguère assisté
Mme Guérin-Duval reçut ses aveux, lui administra l'ex-
trême-onction et le soutint jusqu'au bout de ses exhor-
tations et de ses prières. Tout espoir ne paraissait pas
perdu ; jusqu'au lendemain vendredi , le malade garda
la liberté de ses mouvements, comprit ce qu'on lui disait, essaya d'y répondre. Mais une seconde attaque
ayant paralysé le côté droit , il fut bientôt évident que
tous les soins seraient inutiles ; l'agonie fut longue, elle
fut cruelle. Autour de lui se pressaient les membres de
cette famille si nombreuse et de tout temps si éprouvée ;
la Lorraine était représentée par un de ses parents, cher
et dévoué entre tous ; ses amis étaient accourus de tous
les points ; les plus âgés de ses enfants s'approchaient
sans cesse pour recueillir une parole qui s'adressât à
eux et qu'ils pussent conserver comme un suprême
adieu et comme un dernier encouragement ; sa mère ne
quitta pas un instant le chevet de son lit, trouvant dans

sa foi et dans son amour la force de lui suggérer de temps en temps des actes d'espérance et de résignation. Enfin, le samedi 14 avril, à 11 heures du soir, la respiration qui était depuis plusieurs heures lente et forte, devint de plus en plus pénible, de plus en plus faible et Louis Guérin remit son âme entre les mains de ce Dieu qu'il avait toujours fidèlement servi.

Nous ne raconterons pas ses obsèques. *Le Var* a fait un récit exact et détaillé de ce deuil et de ce triomphe. C'était un vrai deuil : car nous avons vu pleurer non-seulement ceux qui avaient été plus près de son cœur, ceux qui avaient vécu dans son intimité si douce et si sûre, mais encore les compagnons de ses luttes, les admirateurs de son caractère, les amis innombrables qu'il s'était acquis dans tous les rangs de la société. Combien parmi les hommes qui suivaient son cercueil, n'étouffant qu'avec peine leurs sanglots, étaient ses obligés ! Combien auraient pu raconter quelqu'un de ces traits que nous nous sommes abstenus de rapporter en détail et qui faisaient dire de lui, si connu de tous et si redouté de quelques-uns pour son énergie : Qu'il était bon !

C'était aussi un vrai triomphe. La foule était immense, elle était choisie ; à Draguignan, partisans et adversaires de ses idées politiques se pressaient dans un interminable cortège ; toutes les notabilités du département étaient là ; un grand nombre de communes, d'humbles villages avaient envoyé une délégaton. Nous ne citerons personne, car nul de ceux qu'on s'attendait à voir n'était volontairement absent. Les discours prononcés sur sa tombe, les articles de tous les journaux de la région sans aucune exception, les conversations privées qui ne se détournaient guère de cet unique sujet, s'accordaient à rendre hommage aux qualités, au talent, aux vertus de cet homme de bien. Mais ce qui nous a le plus tou-

ché, ce qui est particulièrement significatif et glorieux ,
c'est que pas une restriction n'a été mêlée à l'éloge ; pas
une voix, même isolée, n'a fait entendre nous ne dirons
pas une protestation, mais une réserve. La conscience
publique proclamait que l'existence qui venait de se terminer avait été une existence sans tache.

A tous ces témoignages vint quelques jours après
s'ajouter celui du Prince qui avait si bien su distinguer
et apprécier les mérites de son représentant dans le
Var. Mgr le Comte de Paris , qui à l'époque de la mort
de M\ :sup:`me` Guérin-Duval, avait adressé une lettre autogra-
phe à notre ami, fit écrire aux membres du Comité Monarchique l'expression de ses regrets.

XII

Celui qui était l'objet de tels regrets était mort à 44
ans , sans avoir rempli aucune fonction publique, sans
être entré dans un corps électif, sans avoir obtenu ni
brigué les suffrages de ses concitoyens. Il est du reste
certain qu'ils lui eussent été presque partout refusés ,
dans le cas où il se serait décidé à les solliciter. Nous
demanderons cependant à nos adversaires s'ils croient
sincèrement que leurs intérêts auraient jamais pu être
confiés à des mains plus pures et plus habiles. Ils ont
jusqu'ici donné leur faveur à des hommes inconnus ou
trop connus , qu'on leur imposait, mais qu'ils ne choi-
sissaient pas. Ils avouent eux-mêmes qu'ils se sont toujours trompés, puisqu'il n'est presque pas un de ces po-
liticiens qui n'ait été honni et conspué par le parti qui
l'avait d'abord accepté avec enthousiasme. Ceux qui ont
été élus sans avoir toujours caché le dédain que leur
inspire le servile aveuglement dont ils profitent, mon-

trent trop qu'ils n'ont contracté aucun lien avec nous et qu'ils n'ont pas même le souci de procurer une apparente satisfaction à nos plus légitimes revendications. Ils ont contenté quelques appétits, ils n'ont jamais rendu un vrai service. Aussi, le suffrage universel passe son temps et use sa puissance à les essayer et à les changer. Nous osons dire qu'il eût fait preuve de plus de lumières en essayant d'un homme comme M. Guérin. Le jour où la France cessera de frapper d'ostracisme des citoyens tels que lui, verra se lever l'aurore d'une résurrection trop retardée et d'une prospérité que nous appelons de nos vœux, sans la préparer par nos actes.

Mais, pour que les populations désabusées fassent enfin ces choix judicieux, il faut que nous ayons dans nos rangs des successeurs de celui que nous pleurons. Il faut que ses exemples ne soient pas perdus et que sa place ne demeure pas vide. Il était un modèle, il doit avoir des imitateurs. Qu'on se rappelle ce qu'il a fait pendant sa courte vie et qu'on se demande ce que ferait un groupe d'hommes animés de son activité et de son désintéressement. Tous ne pourraient pas posséder son talent et sa fortune, tous pourraient avoir, beaucoup ont déjà sa foi religieuse, irrésistible levier qui soulève jusqu'aux sommets ceux qui se livrent pleinement à son impulsion. C'est cette foi qui a mis dans le cœur de M. Guérin l'esprit de sacrifice, sans lequel satisfait de son sort, se bornant, comme tant d'autres, à gémir sur les maux de l'Eglise et de la patrie, il aurait pu vivre dans un égoïste bien être, en prolongeant pendant de longues années une existence sinon vulgaire, au moins en partie inutile ; c'est cette foi qui l'a constamment soutenu et qui l'a aidé à ne démentir par aucune faiblesse les inflexibles principes au triomphe desquels il s'était consacré ; c'est elle enfin qui, à défaut d'une récompense passagère sur laquelle il ne comptait pas, a fait briller à ses yeux l'espérance des éternels dédommagements promis au Juste méconnu sur la terre et soumis par la main même de Dieu à la plus terrible des épreuves. Qu'on nous permette, en terminant, de formuler le vœu de voir, parmi ceux qui partagent ces austères et consolantes croyances, plus d'un, recueillir son héritage, continuer son œuvre et se montrer, en marchant sur ses traces, fidèle à son souvenir.